Acciones de Ma...

Guía para Principiantes para la Única Industria que Produce Retorno Financiero tan Rápido como las Criptomonedas

Por

Stephen Satoshi

Además, la transmisión, duplicación o reproducción de cualquier parte del siguiente trabajo incluyendo información específica, será considerado como un acto ilegal independientemente de si se hace electrónicamente o por impreso. Esto se extiende a crear una copia segundaria o terciaria del trabajo o una copia grabada y solo es permitido con el consentimiento por escrito del Editor. Todos los derechos adicionales reservados.

La información en las siguientes páginas es ampliamente considerada como una cuenta precisa y veraz de hechos y como tal cualquier desatención, uso o mal uso de la información en cuestión por el lector hará cualquier acción resultante solamente bajo su competencia. No hay escenarios en el cual el editor o el autor original de esta obra pueda ser de alguna forma considerado culpable por cualquier privación o daño que pueda ocurrirles luego de tomar información aquí descrita.

Adicionalmente, la información en las siguientes páginas solo tiene el propósito de ser para fines informativos y debería ser por lo tanto considerada universal. Como corresponde a su naturaleza, es presentado sin aseguramiento respecto a su validez prolongada o calidad interina. Las marcas comerciales que son mencionadas son mencionadas sin consentimiento por escrito y no pueden de ninguna manera ser consideradas como una aprobación del titular de la marca.

Descargo de Responsabilidad Financiera:

No soy un asesor financiero, esto no es una asesoría financiera. Esto no es una guía de inversión ni asesoría de inversión. No le estoy recomendando que compre ninguna de las acciones aquí listadas. Cualquier forma de inversión o tradeo es propensa a la pérdida de su dinero.

Descargo de Responsabilidad Médica

Este libro no tiene el propósito de ser un substituto para el consejo médico de los médicos. El lector debería consultar regularmente a un médico sobre asuntos referentes a su salud y particularmente con respecto a cualquier síntoma que pueda requerir diagnóstico o atención médica. Cualquier recomendación dada en este libro no es un substituto para el consejo médico.

Descargo de Responsabilidad de Afiliados:

Yo también creo en la transparencia y en la franqueza y por lo tanto estoy revelando que he incluido ciertos productos y enlaces a esos productos en este libro con los que ganaré comisión de afiliado por cualquier compra que usted haga. Por favor note que no se me ha dado ningún producto, servicio o nada más de manera gratuita de estas compañías a cambio de mencionarlas en este libro.

Descargo de responsabilidad de exactitud:

Todos los precios y capitalizaciones del mercado son correctos al momento de la escritura. La información de los precios y cap del mercado proviene de fuentes oficiales. Toda la información en este eBook fue derivada de fuentes oficiales donde fuera posible. Refiriéndose como fuentes oficiales a la literatura que está disponible públicamente, provista por la compañía o el sitio web oficial de la compañía.

Contenido

¡Bono Gratuito!

Como regalo por descargar este libro estoy ofreciendo un bono especial. Es un reporte gratuito, exclusivo y especial que detalla 3 monedas microcap con un enorme potencial de crecimiento en el 2018. Le garantizo que no encontrara estas discutidas en ningún foro o boletín de criptomonedas convencional. Estas 3 fueron escogidas como resultado de semanas de investigación sobre las criptomonedas microcap.

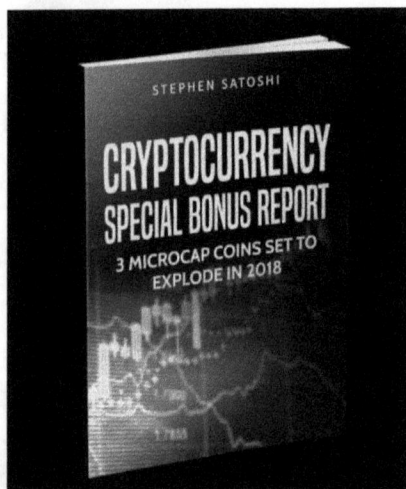

¡Tome el reporte gratuito aquí!

O ingrese a http://bit.ly/FreeSatoshiReport

Oferta Especial para Clientes de Audible

Me complace anunciar a mis lectores que recientemente he ingresado a una asociación con Audible, y por lo tanto, muchos de mis libros estarán disponibles en formato de audio en el futuro. Así que puede escucharlos en el auto, mientras se ejercita o mientras hace los deberes del hogar.

Ahora, esta es la parte emocionante para usted. Si actualmente no cuenta con una cuenta Audible, puede obtener cualquiera de mis libros de manera gratuita cuando se registre (incluyendo paquetes que contengan múltiples libros).

Ingresa a https://www.audible.com/lp/freetrial para registrarte y obtener tu libro gratuito.

Y voy a ir un paso más allá e igualaré esta oferta. Así que si te registras y seleccionas uno de mis libros como tu libro gratis, te daré un código de promoción exclusivo para obtener otro libro absolutamente gratis también.

Esto aplica para las nuevas inscripciones solamente y aplica para todos los libros excepto para mi paquete de 3 libros *Criptomoneda: Guía para Novatos Definitiva* (aunque aún puedes escoger este como tu libro gratis de Audible).

Entonces, ¡esos son 2 libros completamente gratuitos! Solo envíame un correo electrónico con el recibo de tu compra inicial a stephen@satoshibooks.com y te enviaré el código de promoción para tu segundo libro en un período de 72 horas.

Gracias y feliz escucha,

Stephen

Introducción

Fuera de las criptomonedas, la industria de la marihuana es la clase de activos de más rápido crecimiento en la tierra. En el 2017 solamente creció en más del 30%.

Ese crecimiento no tiene signos de ralentizarse y la marihuana legal tiene la proyección de ser una industria de $25 mil millones solamente en EEUU para el 2020. Entre la bolsa de valores estadounidense y canadiense, hay ahora 220 valores que pueden ser ampliamente descritas como "acciones de marihuana". Y eso es incluso con el gobierno federal de los EEUU listando a la Marihuana como droga clase 1. Eso está en la misma categoría que la cocaína y la metanfetamina. También puede sorprenderle descubrir que a pesar de este rápido auge, aún solo hay una única instalación de crecimiento federalmente aprobada en todos los Estados Unidos.

Sin embargo, un número de factores en el año venidero indica que esto está muy cerca de cambiar. Verá, 29 estados ahora permiten el uso legal de la marihuana para fines recreacionales, médicos o ambos. Y la bola ya está rodando estado por estado para la legalización.

64% de los ciudadanos de los EEUU ahora apoyan la legalización de la droga a lo largo de toda la nación, eso comparado a solo un 25% cuando se hizo la misma pregunta en 1995. 70% de los ciudadanos se oponen a una represión federal de la marihuana, de acuerdo a una encuesta realizada por Vice. Entre las personas más jóvenes, ese número es tan impresionablemente alto como 94%. Va sin decir que la visión promedio del americano sobre la marihuana ha cambiado drásticamente en los últimos 20 años.

A lo largo de toda la nación, la legalización de la marihuana médica en los EEUU es ahora un asunto de *cuándo* y no de sí.

Y eso es sin considerar el movimiento de Canadá para legalizar la marihuana recreacional. El país ya ha legalizado la marihuana médica a lo largo de toda la nación, y este siguiente movimiento puede tener un efecto aún mayor en el mercado como un todo una vez que pase la cuenta, lo cual está proyectado actualmente para ser en el verano del 2018. Canadá tiene su propia lista de acciones de marihuana lo cual ofrece una oportunidad tremenda para hacer dinero.

No hay dudas de por qué ha sido apodada "la prisa verde".

La marihuana no solo tiene un gran potencial de inversión, hay un gran número de beneficios económicos y sociales también. Los efectos positivos ya se están viendo en los primeros estados adoptivos como Colorado. El primer estado en aprobar el uso de marihuana recreacional, vio un aumento de año a año del 30% en ventas legales desde el 2012. Esto resultó en $200 millones de dólares adicionales en la línea inferior de la ganancia de impuestos del estado. Colorado está usando este dinero para el bien ya que gran parte del dinero se está reinvirtiendo en programas educativos e iniciativas de abuso de drogas.

Estos son momentos emocionantes por delante para la marihuana tanto para el nivel de uso médico como para el de uso recreacional. Y hay muchas maneras de beneficiarse de esto. Estos no solamente están limitados para los cultivadores y distribuidores de la planta. Todo desde bienes raíces hasta la biotecnología hasta una compañía que fabrica pequeños tubos de plástico estarán cubiertos en este libro. También estaremos haciendo un análisis de 12 acciones de marihuana resaltadas y sus diferentes modelos de negocio.

Espero que disfrute este libro y que la información dentro sea de gran valor para usted.

Gracias,

Stephen

Entonces tan legal es la marihuana hoy??

Uno de los elementos más confusos del auge de la industria de marihuana es la legalidad de todo eso. En los EEUU, mientras que la marihuana aún es ilegal a nivel federal, diferentes tipos de disponibilidad de marihuana son decididos estado por estado.

Como se mencionó anteriormente, la marihuana recreacional, disponible para cualquiera mayor de 21 años del mismo modo que el alcohol es actualmente legal en 8 estados. La marihuana medicinal, disponible para cualquiera mayor de 21 años con una prescripción médica, es legal en 29 estados. Ahora, aquí es donde se vuelve confuso con la marihuana medicinal siendo ilegal a nivel federal. Así que, técnicamente, poseer marihuana aún es un delito federal en estos estados, incluso si tiene una tarjeta de marihuana médica. Esto lleva a legislaturas confusas tales como empleadores siendo capaces de despedir empleados por uso de marihuana fuera del horario habitual. Los propietarios también pueden desalojar a los inquilinos por el uso de marihuana, incluso si su estado lo permite. De lo que deberíamos estar más preocupados como un inversor es la ley principal que afecta las compañías de marihuana medicinal. Esta es la ley que se refiere a que muchas de estas compañías no pueden tener acceso a una banca completa y crédito debido a la naturaleza federalmente ilegal de su negocio, la ley fue puesta en sitio para evitar que los traficantes de droga lavaran dinero a través de bancos. Discutiremos como esto afecta a los negocios de marihuana más adelante en este libro.

A continuación hay un despliegue completo de la legalidad exacta de la marihuana y los cannabinoides estado por estado.

Estados Que Han Legalizado la Producción Industrial de Cáñamo

- Alabama, Arkansas, California, Colorado, Florida, Georgia, Hawái, Illinois, Indiana, Kentucky, Maine, Michigan, Minnesota, Mississippi, Montana, Nebraska, Nevada, New Hampshire, Carolina del Norte, Dakota del Norte, Oregón, Pennsylvania, Rhode Island, South Carolina, Tennessee, Utah, Vermont, Virginia, Washington y Wyoming.

Estados Que Han Legalizado el Aceite de Cáñamo/Aceite de Cáñamo CBD

- Legal en todos los cincuenta estados, aunque el aceite de Cáñamo CBD aún es ilegal en Idaho, Indiana, Kansas,

Nebraska, Dakota del Sur y Virginia del Oeste.

Estados Que Han Legalizado la Marihuana Medicinal

- Alaska, Arizona, Arkansas, California, Colorado, Connecticut, Delaware, Florida, Hawái, Illinois, Maine, Maryland, Massachusetts, Michigan, Minnesota, Montana, Nevada, New Hampshire, Nueva Jersey, Nuevo México, Nueva York, Dakota del Norte, Ohio, Oregón, Pennsylvania, Rhode Island, Vermont, Washington, Washington DC y Virginia del Oeste.

Estados Que Han Legalizado el Uso Recreacional de la Marihuana

- Alaska, California, Colorado, Maine, Massachusetts, Nevada, Oregón y Washington.

También se predice a 5 estados más: Vermont, Nueva Jersey, Michigan, Oklahoma y Utah – cada uno legalizará la marihuana recreacional para adultos para el final del 2018.

Oferta y Demanda

Un factor obvio pero sin embargo pasado por alto comúnmente en el mercado de la marihuana es la oferta y demanda de la planta. Esto ha sido históricamente difícil de cuantificar debido a la ilegalidad previa de la droga y por lo tanto una ausencia de evidencia consistente. Muchos inversores naturalmente asumen que la legalización a través más y más estados llevará a una mayor demanda. Lo cual es cierto.

Sin embargo, algo que también es cierto es que la oferta está superando la demanda. Por ejemplo, en California, la oferta creciente localmente ha superado tres veces a la del 2006 a unas asombrosas 13.5 millones de libras por año. En los últimos 2 años, el precio de venta total de la marihuana ha caído de alrededor de $2,100 por libra a $1,600 por libra. Esto no es solo debido al aumento en la competencia ya que más y más cultivadores entran al mercado cada año. También está el avance tecnológico en las técnicas de cultivo, lo cual está disminuyendo mucho más los precios de venta. Bueno para el consumidor pero, obviamente no tan bueno para las compañías de cultivo. Hasta la legalización federal a lo largo de la nación, también es difícil para estos cultivadores ser capaces de vender su exceso de cosecha a otros estados debido a las diferentes leyes en el lugar. Por lo tanto, no hay opción para tomar ventaja del arbitraje geográfico al cultivar en estados con menores precios de tierras y luego vender en estados con consumidores más ricos.

La interesante advertencia a esto es que el miedo actual al norte de la frontera en Canadá, es que la oferta no será capaz de cumplir la demanda es que la legalización en toda la nación ocurre en el verano del 2018 como es esperado. Las estimaciones actuales no favorecen a los productores y muchos creen que pasarán al menos 2 años antes de que sean capaces de cumplir consistentemente la demanda de marihuana a lo largo del país. Otras estimaciones son menos optimistas y tienen esta cifra tan cerca como 4 años antes de que la demanda pueda ser satisfecha. Los productores de marihuana se pelean para hacer un acuerdo estado por estado y nosotros también estamos viendo compañías trabajando juntas para intentar coordinar sus procesos para que puedan satisfacer la demanda.

Bienes Raíces de Marihuana

No son solo los cultivadores y los vendedores los que se benefician de esta "prisa verde", el mercado de bienes raíces está siendo volteado de cabeza. Mientras más de 20 estados han legalizado la marihuana médica, como resultado, una parte del auge bajo reportado pero sin embargo significativo es la forma de las bienes raíces. Esto refiriéndose a la tierra que los cultivadores de marihuana, fábricas y tiendas utilizan. Incluso las celebridades se están involucrando, incluyendo al Ex Campeón de peso Pesado de boxeo Mike Tyson quien acaba de comprar un rancho de 40 acres en un lugar remoto de California el cual estará dedicado a operaciones de cultivo, al igual que un lujoso resort de marihuana para los fanáticos del cannabis. Tyson planea usar el rancho para proveer trabajos para los militares de guerra en la comunidad local.

Verá, las ventas del Cannabis son superiores por pie cuadrado que las tiendas por departamentos en 5 a 1. Las farmacias en 1.5 a 1 y apenas superando a los alimentos integrales. De hecho, las ventas de marihuana por pie cuadrado están más cerca a esas de Costco que cualquier otra entidad. Esto combinado con las innumerables balduques y burocracia que el negocio de la marihuana enfrenta ha llevado a un Premium significativo en el precio promedio de las bienes raíces para el negocio de la marihuana versus un negocio convencional.

Por ejemplo, en Denver, la industria de la marihuana paga un promedio de 50% Premium por edificios de almacén. ¡Algunas veces este Premium puede ser tanto como 2 o

3 veces superior a los negocios que no son de marihuana! Colorado es uno de los grandes ganadores cuando se refiere al auge de bienes raíces de marihuana   y más de un tercio de los nuevos inquilinos industriales son ahora negocios de marihuana.

Las mayores oportunidades a tener están en estados que recientemente hayan legalizado el uso de marihuana médica y recreacional. Por ejemplo, estados como Michigan y Nueva Jersey los cuales ambos están al borde de la legalización. Sin embargo, las facturas pueden estancarse como lo hemos visto en estados como Maine. Así que, por lo tanto, hay un elemento significativo de riesgo en intentar "precipitarse" y meterse de cabeza en el auge de bienes raíces de marihuana. También está el problema de leyes de zona y las áreas en que estos negocios tienen permitido operar.

Un potencial de desarrollo interesante es como la legalización federal impactaría los bienes raíces respecto al transporte entre estados. Ahora mismo, toda la marihuana legal vendida en ese estado tiene que ser cultivada en el mismo estado para evitar violar las leyes federales de tráfico de drogas. Sin embargo, una legalización a lo largo de toda la nación resultaría en que esto no aplique y por lo tanto las compañías podrían tomar ventaja de partes del país con menores precios de tierras. Los mayores perdedores en este escenario serían los productores de la Costa Este quienes tradicionalmente tienen los mayores precios de tierras de todos los estados donde la marihuana es legal.

Esta no es la primera vez que los bienes raíces han puesto su marca en una industria poco familiar. Echemos un vistazo a

McDonald's por ejemplo. No solo McDonald's y sus Arcos Dorados, una de las compañías más icónicas de América, también es una de las acciones de mejor rendimiento de los últimos 30 años. Superando a IBM y Coca-Cola en el mismo período de tiempo. Muchos inversores rechazan McDonald's por su bajo precio, modelo de negocio de bajo perfil de ofrecer comida barata a las masas. Sin embargo, lo que las personas realmente pasan por alto es el *negocio* de McDonald's.

Vera, en términos de inversión, McDonald's es realmente una compañía de bienes raíces. Una gran parte de sus ingresos anuales viene de comprar tierras baratas, luego arrendarlas a mayores precios a sus franquiciados. Uno de los modelos de negocios más simples que se puedan imaginar, pero uno que se ha mantenido produciendo ingresos, mano sobre el pie, por los últimos 50 años. El fundador Ray Kroc incluso fue citado diciendo "Estamos en el negocio de bienes raíces, no en el negocio de hamburguesas."

Y ahora, la industria de la marihuana está atravesando un fenómeno similar. Se evita que los negocios de marihuana reciban préstamos bancarios o hipotecas bajo leyes federales. Por lo tanto, casi todos los negocios de marihuana son forzados a rentar sus edificios en Premium. Así que son los terratenientes los que están haciendo una matanza de esto.

Incluso hemos visto apoyo de inversores institucionales, en enero, un ETF poco conocido, el ETFMG Alternative Harvest ETF cambió su foco de los bienes raíces de Latinoamérica a la próspera industria de la marihuana. El fondo hizo algunas grandes jugadas, incluyendo adquirir más de 300,000 acciones de Turning Point Brands.

Aunque debería notarse que la mayoría de las explotaciones de Cosecha Alternativa están en el sector de cultivo y distribución, eso no significa que una cartera basada en bienes raíces no pueda ser contada en el futuro. Después de todo, su foco inicial estaba en el mercado de bienes raíces de Latinoamérica, así que los gestores de fondos tienen experiencia previa en ese sector.

Sus grandes cambios en el enfoque como lo que hemos visto de la Cosecha Alternativa que indican que el mercado está atravesando un auge. Bien podemos ver mayor énfasis en este sector mientras nos adentramos en el 2018 y más allá. No hace falta decir que hay cierta histeria alrededor de los bienes raíces de marihuana ahora mismo y muchos inversionistas están clamando obtener su pieza del pastel.

Gran Tabaco vs. Industria del Cannabis

El Gran Tabaco es uno de los principales detractores de la industria de la marihuana medicinal. Este es el mismo conjunto de compañías que vehementemente negaron por años que el tabaco era peligroso para la salud. Fue solo el resultado de una demanda judicial multi estado que los hizo hacerlo. Curiosamente, hubo reportes de la industria del tabaco engranándose para la marihuana legal tan antiguos como los 1970s. Incluso hay un memo escrito a mano del presidente de Philip Morris Tobacco George Weissman declarando "Mientras me opongo a su uso, reconozco que puede ser legalizada en el futuro cercano... Así, con estos grandes auspicios, deberíamos estar en la posición de examinar: 1. Una competencia potencial, 2. Un producto posible, 3. En este momento, cooperar con el gobierno." Philip Morris también pidió formalmente muestras de marihuana del departamento de justicia para que pudieran ejecutar sus propias pruebas.

La parte más intrigante de este memo es la sección que dice "Estamos en el negocio de relajar a las personas que están tensas y proveer una recogida para las personas que están aburridas o deprimidas. Las necesidades humanas que nuestro producto llena no se irán. **Por lo tanto, la única amenaza real para nuestro negocio es que la sociedad encontrará otros medios para satisfacer estas necesidades.**" La última oración es donde la industria del cannabis entra al juego. ¿Las compañías de tabaco intentarán activamente ponerle un alto a incrementar la legalización en vez de intentar entrar al mercado ellos mismos? Solo el tiempo responderá esta, sin embargo, dada su historia de oponerse a la marihuana, podemos ver esto en el futuro cercano.

La otra opción es que el gran tabaco buscará diversificar sus propios intereses con inversiones en empresas de marihuana. Por ejemplo, Imperial Brands (anteriormente conocida como Imperial Tobacco), una de las corporaciones de tabaco más grandes, recientemente añadió a Simon Langelier a su junta directiva. Langelier es el presidente de PharmaCielo, un fabricante de extractos de aceite cannabis y otros productos de salud basados en la marihuana ubicado en Canadá. La industria del tabaco en los EEUU está cayendo alrededor de 4% por año, y las compañías pueden buscar a la marihuana para ayudar a compensar estas caídas esperadas en las ganancias. Ya hemos visto estas compañías diversificarse en la industria del e-cigarrillo y es probable que veamos algunas venturas a pequeña escala en el mercado de la marihuana entre los próximos 18 o 24 meses. No se sabe si esto resultará en ofertas directas de adquisición para las empresas de marihuana, pero es algo que no podemos contar en este punto.

Grandes Farmacéuticas vs. La Industria de la Marihuana

El mayor enemigo de la marihuana legal, en términos de una industria específica, es la industria de farmacéutica. Las Grandes Farmacéuticas tienen una larga historia documentada de oponerse a cualquier tipo de legalización de la marihuana, especialmente a compañías que se enfocan en los beneficios médicos de la marihuana.

En 2016, una donación de $500,000 fue hecha a una organización que se oponía a la iniciativa de marihuana recreacional de Arizona. Las donaciones de $500,000 a principales candidatos políticos no son poco comunes del todo, pero unas de este tamaño a un grupo luchando contra un problema señal son muy raros. Esos $500,000 vinieron de Insys Therapeutics, quienes fabrican Subsys, un analgésico basado en Fentanilo poderoso y extremadamente adictivo, dirigido a pacientes con cáncer. Esta donación terminó jugando un papel clave mientras que la iniciativa de Arizona fue derrotada por un estrecho margen de 51-49.

Lo que hace esto aún más interesante es que Insys ahora está desarrollando su propia línea de fármacos basados en THC. Así que para hacer esto abundantemente claro, esta compañía farmacéutica no solo donó dinero para ayudar a bloquear la legalización de la marihuana recreacional, luego lanzó su propia alternativa sintética. Debería notarse que en diciembre del 2016, el ex CEOO Michael Babich y seis ejecutivos más de Insys fueron arrestados en un caso de supuesto soborno en torno a presionar a doctores a prescribir Subsys junto a proveedores de seguros fraudulentos. Esto fue hecho con la motivación de promover Subsys como una alternativa a los analgésicos tradicionales y para intentar capturar cuotas del mercado.

Luego tienes el caso del 2014 de la Coalición Comunitaria Antidrogas de América (CADCA, por sus siglas en inglés), donde los ponentes declararon en contra de la legalización de la marihuana. Uno de los principales sponsors de este programa fue Purdue Pharma, la compañía que resulta fabricar Oxicodona. Más de 1,000 muertes por año en los Estados Unidos resultan de sobredosis de Oxicodona prescrita. Este número se eleva a más de 100,000 cuando contamos a escala mundial. Abbott Laboratories, el fabricante de Hidrocodona, es otro gran contribuidor a la CADCA. Se estima que las Grandes Farmacéuticas gastan más de $20 millones por año influenciando iniciativas anti marihuana.

Estimaciones tempranas han puesto la competición de la marihuana medicinal como teniendo la habilidad de costarle a las Grandes Farmacéuticas entre $4 y 6 millardos por año en pérdidas directas de ventas. Washington, por ejemplo, ha visto una reducción en las prescripciones de Medicare desde la legalización de la marihuana medicinal. Phizer, una de las compañías de fármacos más grandes sobre el planeta ha dado información mostrando que la marihuana medicinal puede tomar tanto como $500 millones de la línea inferior de ganancias.

Mientras que las motivaciones de las Grandes Farmacéuticas permanecen muy claras a la vista, el problema es uno financiero en vez de moral. Están totalmente conscientes que la legalización en toda la nación se comería sus cuotas de mercados a medida de que los consumidores buscan alternativas a los fármacos químicos fabricados en masa. Esta competición llevaría a precios más bajos, lo cual es en lo que la industria farmacéutica está menos interesada.

Por lo tanto, es probable que veamos más compañías siguiendo el ejemplo de Insys al fabricar sus propios fármacos basados en THC y CBD sintéticos, lo cual puede sobrepasar las restricciones federales y por lo tanto ser vendidas en farmacias regulares en todo el país en vez de solamente en tiendas especializadas en cannabis. El tamaño potencial de mercado para esto es enorme ya que actualmente se estima que más de 100 millones de americanos dependen de algún tipo de analgésico a diario. Esto incluye tanto como las medicinas prescritas por el médico tales como Hidrocodona o Percocet al igual que drogas callejeras como la Heroína. Una cosa que los entusiastas de la marihuana han manifestado en contra es la posibilidad de que las Grandes Farmacéuticas puedan usar sus propios bolsillos para arrinconar el mercado con estos fármacos de cannabis sintético ya que la población en general los verá como más "seguros" debido a su presencia en farmacias regulares.

Sería interesante monitorear el desarrollo de drogas en los próximos 18-24 meses desde estas grandes compañías farmacéuticas mientras buscan obtener su propia cuota del siempre creciente mercado de la marihuana. Yo prediciría que estaremos viendo más y más opciones de fármacos basados en cannabis sintético emergiendo de las compañías farmacéuticas tradicionales.

Cannabinoides

Puede que haya visto reportes de compañías que se enfocan en la "medicina del cannabis", lo que estas compañías hacen es utilizar cannabinoides para crear fármacos y fórmulas para tratar varías enfermedades.

Para aquellos de ustedes que no estén familiarizados, los cannabinoides son los componentes químicos encontrados en la propia planta de marihuana. Los principales siendo el THC, el componente psicoactivo, el cual crea lo "drogado" por lo cual se conoce a la marihuana. El otro compuesto principal es el CBD, a diferencia del THC, el CBD no es psicoactivo, así que puedes consumir productos basados en CBD puros y no sentirte "drogado". Debido a esta distinción, el CBD es legal en más estados. También hay otros compuestos tales como CBN, CBG y CBC.

Hay una cantidad de compañías de biotecnología que se enfocan en un lado de las cosas más cannabinoide al desarrollar fármacos usando estos componentes como ingredientes principales o de periferia. El cultivo de acciones como estas dependen en gran parte de la aprobación de la FDA para sus drogas y si has estado en la biotecnología por un tiempo, sabrás que esto es un proceso lento.

Uno de los principales jugadores en este Mercado es GW Pharmaceuticals ubicado en el RU. Su producto principal relacionado al cannabis es Sativex. Un spray que puede ayudar a aliviar los síntomas de la Esclerosis Múltiple. Actualmente, Sativex tiene una aprobación regulatoria en 16 mercados, con 12 más pendientes. Otro fármaco, Epidiolex, dirigido a tratar la epilepsia en niños actualmente también está en estado pendiente por aprobación.

Otros jugadores importantes en los mercados de los cannabinoides son MedReleaf, Tilray y OrganiGram, todas estas tres compañías se ubican en Canadá y producen fármacos basados en CBD que ayudan al tratamiento de varias dolencias de salud. Discutiremos tanto MedReleaf como OrganiGram con mayor profundidad luego en este libro, ya que ambas compañías tienen propuestas muy emocionantes bajo sus mangas.

Acciones de Marihuana "No-Marihuana"

Hay una cantidad de compañías de las cuales puedes estar bastante al tanto e incluso puede que ya las tengas en tu cartera, las cuales en realidad tienen ataduras significativas a la industria de la marihuana. Como tal, las he apodado acciones de marihuana "no-marihuana" debido a que su principal negocio está en diferentes industrias.

Tal ejemplo de esto es Scott's Miracle-Gro. Un líder hace mucho tiempo en el mercado del cuidado del hogar y del jardín, un mercado que usualmente produce retornos lentos, seguros y no espectaculares. Scott's ha sido un favorito por mucho tiempo entre muchos hogares de los EUU y conocido por su comerciales de TV.

Sin embargo, lo que puede que no sepas sobre Scott's es que 11% de sus ventas ahora derivan de una compañía subsidiaria, Hawthorne Gardening Co. Hawthorne enfoca sus esfuerzos en la industria de la marihuana medicinal y ha estado adquiriendo firmemente negocios de marihuana más pequeños durante los últimos años. Su enfoque adicional de negocios está del lado tecnológico de las cosas, principalmente en la Hidroponía, el cual es el acto de cultivar plantas en agua enriquecida con minerales y nutrientes. En 2017, las ventas de Hawthorne se triplicaron y aquellos números están proyectados a continuar creciendo mientras avanzamos.

Incluso si el sentimiento se reversa completamente refiriéndose a la marihuana y la legalización, Scott aún puede reclinarse sobre su negocio de cuidado del jardín tradicional que es el pan de cada día, lo cual es un 89% del total de su negocio.

El otro problema al que podemos mirar es el potencial de las Grandes Farmacéuticas al intentar adquirir algunos de estos productores de cannabis como una protección en contra de sus propias operaciones de negocios diarias. Estas compañías tienen bolsillos muy profundos, especialmente comparadas a incluso las empresas más grandes de marihuana. Podemos ver algunos de los gigantes farmacéuticos haciendo jugadas de toma de control para las empresas basadas en biotecnología de cannabinoides en los próximos años.

Industria de Marihuana y Balduque

Ahora, aquí es donde el problema de la legalización por estados vs. La Legalización Federal se vuelve peludo. Debido a que los bancos tienen que cumplir con leyes federales respecto a problemas como el lavado de dinero, esto afecta directamente el negocio diario de la marihuana. Verá, como resultado de este estado confuso, muchos negocios de marihuana no tienen acceso a créditos. Algunos difícilmente pueden obtener acceso a más de una cuenta de cheques básica. Esto es debido a que es enteramente posible que se cargue a un banco lavado de dinero si tratan con negocios de marihuana. Aunque debería remarcar en este momento, no ha habido ejemplos de esto. Al momento de escribir, se estima que a un tercio de los vendedores de marihuana licenciados se les ha negado una cuenta bancaria.

Tampoco hay exenciones de impuestos para los negocios de marihuana. En una ley similar que fue dirigida a prevenir a los vendedores de drogas ilegales de deducir gastos de negocios, las compañías de marihuana ahora están sintiendo los efectos. Una advertencia extraña a esto es que los negocios tales como la prostitución y el asesinato por contrato aún pueden clamar deducciones. Sé lo que piensas y tienes razón, los sicarios pueden clamar gastos de negocios. Las ramificaciones para esto son grandes a través de la industria, los gastos básicos de negocios tales como rentas, publicidad, salarios y utilidades (una grande para los cultivadores) no se permite que sean clamadas por los propietarios de los negocios de marihuana.

Donde esto da en la diana en lo principal es que los negocios de marihuana están viendo tasas de impuestos efectivas (el porcentaje de sus ganancias antes *pre impuestos*) de 70%, opuesto al mucho menor 30% para otros negocios. En términos de conglomerados más grandes, se estima que muchos negocios de los EEUU pagan una tasa efectiva tan baja como 12.5%. Lo que es peor es que los negocios de marihuana pueden estar en el anzuelo por evasión de impuestos federal si no cumplen con estas leyes. Deberíamos recordar que fue un caso de evasión de impuestos federales que terminó destruyendo el imperio completo de Al Capone en los 1930s.

Sin embargo, hay esperanza, en 2017, un acto de dos partidos políticos introducido por el Senador Ron Wylden y el Senador Rand Paul permitiría que los negocios de marihuana hicieran la reducción de impuestos de negocios estándar. Sin embargo, la factura está actualmente atrapada en comité y podrían pasar años antes de que sea capaz de ser pasada y promulgada.

Lo que es más, muchos de estos negocios son forzados a operar en efectivo. Esto se vuelve mucho más absurdo cuando consideras que incluso aunque la marihuana aún sea ilegal a nivel federal, debido al código de impuestos 280E, el cual requiere que los vendedores de droga reporten sus ingresos ilícitos por propósito de impuestos, la IRS recolecta aproximadamente $3 millardos por año de vendedores de marihuana. Esto lleva a una cantidad de historias donde los vendedores de marihuana tienen que pagar al IRS en efectivo en su oficina local. La marihuana es ciertamente beneficiosa para el IRS y el crecimiento en la industria llevaría a incluso más ingresos en el camino. La información muestra que la marihuana legal podría llevar a un incremento de 6 veces en los ingresos de impuestos federales.

¿Por qué todo esto podría salir mal?

Todas las inversiones vienen con cierta cantidad de riesgo, y siempre es bueno analizar la vista contraria de la situación, así que haremos eso aquí. Aquí hay varios factores que pueden significar que todo esto termine en decepción. Debería recalcar antes de que comencemos esta sección, que todo esto es especulación. Por lo tanto no deberías tomarlo con una pizca de sal.

Consolidación de la Industria

La increíble tasa de crecimiento de la industria hasta ahora y las predicciones continúas del 26% por año para los próximos 3 años. Sin embargo esto no significa que ya vayamos a ver cualquier tipo de consolidación de industria, muchas de estas compañías más pequeñas especialmente serán absorbidas en mayores conglomerados de marihuana que sin duda se formarán en los próximos años.

Por el otro lado, invertir temprano en estas compañías más pequeñas bien podría llevar a grandes ganancias si son compradas, en vez de salir del negocio por estas grandes empresas.

Acciones de a Centavo

Muchas de estas acciones de marihuana más pequeñas están definidas como acciones de a centavo mientras tradean por debajo de los $5/acción. Por lo tanto no pueden estar listadas en el NASDAQ o la Bolsa de Nueva

York. Muchas de ellas listarán en bolsas del mercado extrabursátil (OTC, por sus siglas en inglés), el cual tiene requisitos y estándares de monitoreo más bajos que las bolsas más grandes con las que estás más familiarizado.

Esto las hace más propensas a las malas informaciones y menos a las prácticas de negocio estelares. Andaría con cuidado con estas pequeñas acciones basadas en la marihuana, como con cualquier otra acción de a centavo, son más probable que sean manipuladas que las más grandes.

Las noticias fluyen más lento en el mundo de las OTC también, así que los inversores buscando información actualizada referente a métricas importantes como el flujo de efectivo bien pueden ser dejados de lado por un período más largo de con el cual están cómodos.

El otro factor es que la vasta mayoría de las acciones de a centavo son compañías con menos que fundamentos sólidos en primer lugar. La mayoría de las compañías de acciones a centavo están perdiendo dinero cada año, lo cual es una gran parte de su bajo precio. Otras aún no tienen un producto funcional y están apostando en una aprobación futura para que su acción aumente de precio.

Al investigar estas acciones, verás frases como "fase de expansión" "ganancias potenciales" e "increíble equipo de gestión" en vez de hablar de rentabilidad consistente o cuota del mercado. También habrá un grupo de personas dirigiendo la acción en tableros de mensajes o en grupos de Discord privados. Verás frases como "súbete al tren", "10X al final del mes" y otro lenguaje de miedo a perdérselo. Si has estado involucrado con las criptomonedas en lo absoluto, verás los mismos patrones de lenguaje asociados con ese mercado.

Como cualquier acción de a centavo, estas compañías de marihuana microcap deberían ser vistas como una apuesta especulativa, en vez de una inversión a largo o incluso a corto plazo. Si queremos ver algún tipo de precedencia histórica, démosle un vistazo a 6 compañías de nanotecnología que fueron listadas anteriormente en el mercado OTC. La nanotecnología fue otra industria de gran auge a mediados de los 2000s y muchos inversores hicieron jugadas especulativas.

JMAR ($JMAR): Bajó 100% desde su tope

Biophan ($BIPH): -99% desde su tope

US Global Nanospace ($USGA): -99% desde su tope

Industrial Nanotech ($INTK): -96% desde su tope

Natural Nano ($NNAN): -99% dese su tope

mPhase ($XDSL): Bajó -99% desde su tope

Si invertiste $1,000 en cada una de estas compañías, $6,000 en total, actualmente tendrías **15 centavos de tu inversión inicial.** Así que no eres un inversor experimentado o no tienes bolsillos profundos, te recomendaría mantenerte bastante lejos de estas compañías microcap por las razones listadas anteriormente.

Jeff Sessions

Attorney General Sessions es una de las mayores críticas de la industria de la marihuana. Sessions ha sido citada anteriormente diciendo "las buenas personas no fuman marihuana" y "Mi mejor opinión es que no necesitamos legalizar la marihuana." No hace falta decir que declaraciones como esta no llenan de confianza cuando se refiere al problema de la legalización en toda la nación.

Sessions también cree firmemente la teoría de la droga de entrada, que muchos adictos al opioide fueron expuestos a las ideas de drogas ilegales a través de la marihuana y por lo tanto la marihuana es la causa directa de sus adicciones. A pesar de un gran número de estudios académicos que desde entonces han refutado esta teoría, Sessions continua firme con su opinión.

Lo que es más preocupante es que estas declaraciones fueron hechas, a pesar de la creciente cantidad de información apoyando los beneficios sociales y médicos de la marihuana legalizada. Por ejemplo, en 2015 hubo 20,101 muertes resultantes de sobredosis de opioide. Esto en contraste a un gran total de CERO muertes de sobredosis relacionadas a la marihuana. Realmente no puedes discutir por datos más fuertes que esos cuando se refiere a la legalización y aún está uno de los hombres más poderosos en el país usando frases como "histórica epidemia de drogas".

Lo positivo de esto está en el propio Presidente Donald Trump. Durante su campaña, declaró múltiples veces que él era un defensor de la marihuana medicinal y dijo que el problema debería ser decidido a nivel estatal. Las vistas de Trump sobre la legalización de las drogas están bien documentadas en el pasado y él fue incluso citado en una entrevista del Miami Herald en

1990 declarando "Estamos perdiendo de muy mala manera la Guerra de las Drogas. Tienes que legalizar las drogas para ganar esa guerra. Tienes que quitar las ganancias de estos zares de la droga."

Sin embargo, hay una posibilidad de que Sessions podría intentar anular esto derogando la enmienda Rohrabacher-Farr. No hace falta decir que el hombre que dijo "rechazo la idea de que América será un mejor lugar si la marihuana es vendida en cada tienda de la esquina." Va a ser uno de los mayores obstáculos a superar.

Canadá dando marcha atrás sobre la legalización

Para las acciones canadienses de las que se hablan en este libro, el camino parece ser más suave, pero eso no significa que no pueda haber tropezones en el camino. Mientras que la legalización de la marihuana recreacional está programada para el verano del 2018, mucho puede suceder entre ahora y luego. Los partidarios esperaban un anuncio para el 1 de julio del 2018, lo que resulta ser el Día de Canadá pero el Primer Ministro Trudeau lo descartó en diciembre del 2017. Cualquier siguiente retraso puede llevar a una disminución en la confianza de la industria, lo que sin dudas tendrá un efecto negativo en el sentimiento del mercado y los precios de las acciones de las acciones basadas en Canadá.

Sentimiento Público Respecto a la Marihuana Legal

El sentimiento es una parte pasada por alto de analizar un mercado. La opinión del público general es un gran factor tanto para el crecimiento a corto plazo de una industria como para el largo. A menudo, los cambios en los precios a corto plazo son decididos en su mayoría por sentimientos en vez de cualquier cambio fundamental con una compañía o industria. Hemos visto esto múltiples veces con las criptomonedas y la volatilidad de precios asociados con esa industria en particular.

En febrero del 2018, Marijuana Business Daily lanzó su "Libro de hechos del Negocio de la Marihuana", un almanaque de estadísticas relacionadas a la industria de la marihuana y su crecimiento potencial en el futuro. La gran importancia es que ahora han actualizado su proyección de crecimiento de 3X a 4X para el 2021.

El Segundo mayor indicador por el cual podríamos estar preparados para ganancias a largo plazos es la encuesta de opinión pública llevada en la investigación. 59% de los americanos ahora están a favor de legalizar la marihuana, un número que continúa aumentando cada año. Además de esto, solo 32% de los americanos *se oponen* fundamental ahora a la marihuana legal. Una vez más, yendo por la edad, la generación más joven es más ferviente en su apoyo.

En total, hubo 5 principales encuestas de opinión solamente el año pasado y todos sus resultados dicen exactamente lo mismo. La mayoría de la población estadounidense está a favor de la legalización tanto para nivel medicinal como recreacional. Una encuesta por Quinnipac solamente se enfocó en la marihuana médica y un grandísimo de los respondientes apoyó la idea.

Un análisis de 12 acciones de marihuana

En esta sección damos un vistazo a varias acciones de marihuana, las compañías tras ellas y como planean capturar su parte del mercado de la marihuana. No todas estas son puras acciones de juego, así que no todos sus ingresos están directamente atados a la marihuana, pero vale la pena investigarlas todas para decir lo menos. Como siempre, no estoy recomendando que compres ninguna de las acciones aquí listadas.

Debe destacarse que aunque cierta cantidad de estas son acciones canadienses, algunas tradean en bolsas OTC en los Estados Unidos.

Scotts Miracle-Gro ($SMG)

Precio al momento de escribir: $89.13

Probablemente la mejor reconocida de las "acciones de marihuana" en esta lista. De entrada debemos resaltar que el componente de la marihuana solo representa alrededor del 10% del negocio total de Scotts, pero esta es una porción siempre creciente. Previamente mencionamos la compra de 2015 de General Hydroponics, la cual será un factor clave en la expansión de Scotts al sector de la marihuana en el futuro. General Hydroponics provee tanto al consumidor como a la industria soluciones de cultivo en interiores lo cual será enorme si la marihuana recreacional es legalizada en un negocio más amplio y puede resultar en un aumento importante para la línea de fondo de Scotts.

Era de esperarse una caída en el precio al comienzo del 2018 ya que el negocio de cuidado del jardín que representa 90% de los ingresos de Scotts es extremadamente por temporada. Mientras que la porción hidropónica del negocio crece esto es muy probable que se empareje ya que la naturaleza de las hidroponías lo hace una herramienta de cultivo a prueba de estaciones. Cultiva sabio, futuras expansiones a otros aspectos del negocio de la marihuana pueden estar en las cartas y una compañía como Scotts tiene bolsillos más profundos que la mayoría, por lo tanto sería capaz de costear cualquier pérdida a corto plazo como resultado de dolores crecientes que estas nuevas venturas comúnmente pueden causar.

Otra área de interés para los inversores a largo plazo sería los fundamentos extremadamente fuertes de Scotts e historial dentro del sector. La compañía ahora tiene 150 años y ha sido un nombre familiar por muchos años antes de que la marihuana legalizada estuviera en el radar de la mayoría de los americanos.

GW Pharmaceuticals

Precio al momento de escribir: $126.06

El gigante de biotecnología de Gran Bretaña es una de las "acciones de marihuana" más reconocidas aunque a diferencia de muchos de los otros aquí, no participan en el mercado de cultivo o distribución. El uso de la marihuana de GW está en la fabricación de fármacos conocidos como cannabinoides en el cual la marihuana es un componente clave.

Su actual producto bandera es el Sativex, el primer tratamiento basado en el cannabis a recibir la aprobación FDA en los Estados Unidos. Sativex ayuda a tratar los síntomas de la Esclerosis Múltiple (MS) incluyendo el alivio de dolor, control de la vejiga y espasmos de músculos involuntarios. El éxito de Sativex ha ayudado a GW a crecer en los rangos de una de las principales acciones con mejor rendimiento de biotecnología de los últimos años.

GW ahora está apostando en Epidiolex, un fármaco basado en CBD que ayudará a los que sufren de epilepsia, particularmente aquellos con epilepsia infantil. En discusiones con proveedores de seguros, se planea que si se obtiene la aprobación, el fármaco estará disponible a más de 200 millones de americanos en sus planes de salud. Como se discutió previamente, desarrollar nuevas drogas puede tomar mucho tiempo cuando factorizas todo desde el desarrollo del laboratorio, múltiples fases de pruebas y la gran cantidad de balduques que viene con intentar obtener aprobación de la FDA.

GW recibió buenas noticias aunque en diciembre del 2017 cuando revelaron que la FDA había aprobado su Solicitud de Nuevo Medicamento para el Epidiolex. Esto no significa que ya tienen todo listo para fabricar y vender el fármaco pero ciertamente es un paso en la dirección correcta. Si la FDA aprueba el fármaco a mediados del 2018, la línea de tiempo significará que el fármaco puede estar en el mercado en un período de 3 meses.

Hay otro cannabinoide en los planes de GW también, el menos reportado Cannabidivarin (CBDV) el cual está siendo desarrollado para ayudar a tratar la epilepsia en adultos. Ya se han hecho pruebas del CBDV en tratar síntomas de autismo en niños jóvenes. Sin embargo el desarrollo está en sus primeros pases y por lo tanto no tiene impacto en la línea de fondo de los ingresos de GW este año y su aprobación para el final de año es también poco probable.

Los fuertes fundamentos de GW los han llevado a que algunos analistas financieros los etiqueten de "la acción de marihuana más segura". Mientras que la biotecnología como industria opera diferente a las acciones de marihuana pura, pueden haber beneficios adicionales ya que cualquier resolución federal sobre el uso de la marihuana recreacional es poco probable que afecte el desarrollo de los fármacos basados en cannabinoides. En conjunto, comparado a otras jugadas de mayor riesgo aquí, GW ofrece al inversor conservador un punto de entrada sencillo al mercado de la marihuana.

Kush Bottles ($KSHB)

Precio al momento de escribir: $5.50

Kush Bottles es una compañía de marihuana que realmente no tiene que ver con el cultivo o manejo de la planta en lo absoluto. La empresa de California provee y distribuye los materiales necesarios para cultivar la marihuana y productos de marihuana a nivel industrial. Esto incluye todo desde paquetes a prueba de niños, etiquetas, cigarrillos electrónicos, pipas de cannabis y otros bienes parafernales. Su producto bandera es un tubo de plástico para almacenar un porro de marihuana pre enrollado. Mientras que esto pueda parecer bastante intrascendente, los porros pre enrollados son una gran característica de la marihuana legal que no existía cuando aún era ilegal. Cada dispensador de marihuana que vale la pena tienen características de sal de porros pre enrollados pesadamente y ser capaces de capturar esta parte del mercado puede significar grandes cosas para Kush Bottles yendo hacia delante. Actualmente, la empresa cuenta con más de 4,000 clientes de marihuana legal y en una presentación de ventas en julio, declararon que vendieron más de 1 millón de sus tubos pre enrollados a dispensarios cada año.

La compañía aún está en sus primeros pasos con solo $18.8 millones en ingresos registrados en el 2017. Sin embargo, la empresa no está hasta el cuello de deudas como muchas pequeñas compañías de marihuana lo cual puede ser visto como un gran positivo. En sus primeros 3 años de negocio, la empresa ya ha adquirido 3 competidores en la forma de Dank Bottles, CMP Wellness y Roll-Uh-Bowl.

Los dolores crecientes estarán alineados con muchas otras empresas de marihuana refiriéndose a lo básico como deducción de impuestos y regulaciones bancarias.

Cronos Group ($MJN)

Precio al momento de escribir: $9.20CAD

Cronos Group toma un enfoque un poco diferente a la industria. En vez de enfocarse en sus efectos en el cultivo o distribución de la marihuana, la empresa actúa como un grupo de inversión para las compañías de marihuana medicinal canadiense. La empresa actualmente posee 3 compañías de marihuana en total y tiene participación parcial en 3 más.

Cronos está apostando en grande en la legalización propuesta en verano del 2018. La legalización le daría un impulso a todas sus compañías y la naturaleza diversificada de su inversión significa que puede resistir a competencia adicional en ciertas partes de la industria tales como cultivo. La competencia aún es una preocupación alrededor de toda la industria y los efectos a corto plazo pueden ser un aumento en los gastos en publicidad mientras pelea por posición en el mercado. Sin embargo, esto no debería ser una preocupación para aquellos que quieran mantenerse a largo plazo.

Otra cosa a resaltar es que Cronos y sus filiales aún no son rentables, así que los inversores pueden esperar emisiones de acciones adicionales. La cantidad de acciones en juego se ha incrementado por un factor de 10 en los últimos 4 años y con cada nueva emisión viene una devaluación en el valor actual de las acciones. En términos de viabilidad a corto plazo, Cronos tiene muchos huevos en la cesta de la legalización, así que puede valer la pena aguantar en tirar del gatillo hasta que ese asunto haya sido resuelto.

Emerald Health Therapeutics ($EMH)

Precio al momento de escribir: $6.53 CAD

La compañía de farmacéuticos canadiense, formalmente conocida como T-Bird Health

Inc. es otra compañía con más enfoque en el espacio de la marihuana medicinal. La compañía produce aceite de cannabis, cannabis seco así como soluciones médicas basadas en marihuana en forma de cápsulas.

La empresa se basa más en las investigaciones que otros productores de cannabis medicinal y hace un esfuerzo por identificar las más importantes cualidades en cada variedad de la marihuana, antes de aislar estas propiedades y crear nuevos productos de ellas.

La expansión a finales del 2017 se vió impulsada por la adquisición de espacio de cultivo adicional y la compañía también recibió un reciente avance al escalón 1 por la bolsa de valores de Toronto. Esto indica sólidos reportes financieros prácticos y en general se muestra que la compañía está bien administrada.

Un punto adicional de interés con EMH es su adopción de tecnología de cadena de bloques. La tecnología de cadena de bloques es el líder subyacente digital que permite a las criptomonedas funcionar de forma segura entre otras cosas. EMH utilizará la tecnología para ayudar a desarrollar cadena de proveedores y soluciones de comercio electrónico en una empresa conjunta con DMG Blockchain Solutions. La empresa será llamada CannaChain Technologies y como se espera, su primer paso se enfocará en la industria legal del cannabis.

Medical Marijuana Inc. ($MJNA)

Precio al momento de escribir: $0.11

Famosa por ser la primera empresa de marihuana que cotiza públicamente en la bolsa de los Estados Unidos. Las acciones han estado tradeando por más de 4 años, lo cual los vuelve un abuelo en un espacio viendo nuevas empresas emerger cada semana. La empresa opera en los campos tanto de la marihuana como sectores industriales de cáñamo. Esto incluye la venta de aceite de cáñamo, aceite CBD y otros cannabinoides para tratar varios problemas de salud.

Debido a que ninguno de los aceites está basado en THC, MJNA opera más en el lado legal de las cosas que otras compañías. El aceite CBD, por ejemplo, es legal en todos los 50 estados. Sin embargo, dictámenes recientes de la FDA pueden complicar este asunto, como la FDA desea regular los productos basados en CBD debido a su pequeño contenido de THC. Esto continúa lucha llevó a compartir precios y hacerlos caer más del 70% en el 2017 y no parece tener muchas potenciales buenas noticias en el horizonte para la compañía.

La compañía opera un número de sucursales, lo que ha llevado a llamarla pequeña escalada de marihuana ETF. La interesante estructura de estas compañías y como su rentabilidad trabaja exactamente es un factor que podría conducir a la precaución del inversor. Hay también un extenso numero acciones emitidas (3 billones al momento de escribir) lo cual podría también ser un factor en la búsqueda de otros lugares para inversiones solidas en la marihuana. Así como MJNA mira esta etapa como un alto juego especulativo en el mejor de los casos y uno probablemente más adecuado para para inversores serias con más experiencia en acciones de a centavo.

MedReleaf ($MEDFF)

Precio al momento de escribir: $18.00 CAD

MedReleaf es otra compañía canadiense que emplea la mayor parte de su enfoque en lo referente al lado médico de la marihuana. Como fabricante y productor de aceites de cannabis y cannabis seco, tiene como objetivo aquellos que poseen cartas de la marihuana medicinal. Su IPO 2017 fue el más grande IPO de Norte América hasta ahora.

La industria de la marihuana medicinal en Canadá continua creciendo a una tasa del 10% al mes, eso es cierto, no por año sino por mes. Los aceites de cannabis están creciendo aún más rápido que eso, a una tasa de alrededor del 16% mensual. Los aceites tienen un margen mucho más alto que el cannabis seco y por lo tanto MedReleaf es capaz de hacer crecer sus ganancias a una tasa mucho más alta que compañías competidoras que se enfocan solamente en la planta seca. La compañía controla aproximadamente el 45% del mercado de aceite de cannabis en el país, y con la expansión de la fábrica de producción su porcentaje podría bien ser aún más alto.

Esto ha llevado a la compañía a publicar cifras financieras decentes en los últimos años. A pesar de que la compañía no es todavía tan rentable como otras como Canopy y Aphria, continúa estando bien administrada y aún no ha disuelto sus acciones para incrementar el capital como algunos de sus competidores.

Los planes de crecimiento de MedReleaf incluyen expandir su planta de producción de Bradford a 86.0000 pies cuadrados. Esto permitirá a la compañía mantenerse al día con el constante incremento de la siempre creciente demanda, especialmente si la marihuana recreacional legalizada pasa factura este año. Su enfoque en aumentar los márgenes de producción, y posicionarse para tomar ventaja de cualquier propuesta de legalización hace a MedReleaf un prospecto muy interesante de ver. La mayoría de las compañías de marihuana no son rentables y están apostando al futuro más que al presente. MedReleaf es una de las raras excepciones a esta regla.

Organigram Holdings ($OGRMF)

Precio al momento de escribir: $3.30

Basada en New Brunsky, Organigram es una de las dos compañías (siendo la otra el gigante CanopyGrowth) con licencia para producir marihuana en la provincia. El porqué de su importancia es que New Brunswick es la única provincia canadiense con uso totalmente legal de la marihuana recreacional. Esto conduce a casi un 200% de incremento en el número de pacientes que Organigram atiende, con este total proyectado a elevar aún más en los próximos 12 meses. Todo esto ocurre antes de la legalización nacional pautada para verano del 2018.

Con niveles de producción máxima a los 65,000 kilogramos al año, la empresa demuestra que eso significa negocios. Todo esto viene de una simple planta de producción, cuyo organigrama planea expandir en 2018. Así como avanzar a márgenes de marihuana más altos. La compañía también tiene una sección de venta de marihuana seca a pesar de que el crecimiento de ese elemento de negocio ha sido lento.

Esto hace de Organigram un objetivo primordial para la compra de una de las más grandes corporaciones. Con un capital de mercado de $400 millones además de sus anteriores conexiones y licencias, una de las mayores empresas bien podría estar echando una mirada a Organigram como una forma de entrar a New Brunswick. La compañía tiene también un convenio para surtir a la Isla Prince Edward con 1 millón de gramos al año lo que se convertirá en un adicional de $7 a 9 millones en ventas.

Los problemas potenciales incluyen la habilidad de escalar sus operaciones así de rápido, especialmente cuando las compañías de marihuana están en una especie de carrera cabeza a cabeza para incrementar sus campos de producción tan rápido como sea posible. Ser el primero en comercializar cuando se haga la legalización de la recreacional será grandioso y Organigram está compitiendo contra algunos fuertes oponentes en este ámbito. Vale la pena revisar sus actuales acuerdos.

Actualización: Un comunicado de prensa del mes de febrero comentó que Organigram había recibido una licencia adicional para expandir sus plantas de producción. La construcción de una nueva planta con una producción estimada de 65,000 kilogramos al año está programada para comenzar en abril del 2018. Esto es una noticia muy positiva para la compañía en el futuro.

Canopy Growth Corp ($TWNJF)

Precio al momento de escribir: $22.35

Canopy Growth Corp de Canadá es un gran jugador que normalmente tiene un 20% de las acciones del mercado.

Canopy ha sido rápido al expandirse y el año pasado compró Mettrum Health en un trato que incluía 2.4 millones de metros cuadrados de tierra con la capacidad de cultivar marihuana.

Obviamente, el gran factor externo será si Canadá aprueba legalizar la marihuana recreacional en el verano del 2018 como se espera. Actualmente, no parece haber muchos obstáculos en el camino y el primer ministro Justin Trudeau está manejando el caso personalmente. Un factor importante a tener en cuenta es que la tasa propuesta para la nueva marihuana legalizada es mucho más baja que cualquier otra tasa de impuesto que hayamos visto en los Estados Unidos hasta ahora. Esto permitirá que la marihuana tenga un precio con tasas más competitivas y eliminar la competencia del mercado negro lo cual ha sido una piedra en el camino en algunos estados como Washington.

Esto combinado con el creciente número de marihuana medicinal canadiense aumentando por una impresionante tasa de casi 10% al mes. La presencia de Canopy Canadian es uno de los factores que ha ayudado a sobrepasar GW Pharmaceuticas como la más grande acción de marihuana por mercado de capital en noviembre del 2017.

Canopy también exporta marihuana seca para varios países europeos que han legalizado el fármaco incluyendo Holanda.

Un factor a observar con Canopy es que si la nueva legislación contribuye a traer una afluencia de competencia en el espacio. Mientras se espera esto, se continúa observando qué efecto tendrá en el precio de las acciones en Canopy a medida que avanzan. No es necesario decir que por ahora Canopy puede decir que mantiene la posición como Rey de la industria de la marihuana legal.

General Cannabis Corp ($CANN)

Precio al momento de escribir: $4.12

General Cannabis Corp tiene un amplio rango de negocios incluyendo la consulta, promoción, comercialización y gestión administrativa para la industria de la marihuana. Sus bienes incluyen una propiedad de 3 acres en Colorado, así como una empresa de marca y comercialización dirigida a la industria de la marihuana.

Su página web no dice mucho más que eso, empleando términos como "compañero confiable" y "convertir tus sueños en realidad." más que declaraciones concretas acerca de lo que la compañía puede hacer por clientes potenciales. La página de inicio también cuenta con un tipo de cotización en bolsa, y la cuenta de Instagram de la compañía, que son dos facetas de negocios que usualmente no aparecen juntas.

Las hojas de balance son bastante alarmantes con menos de $300.000 en activos y por encima de $4.5 millones en pasivos. Esa relación por si sola es francamente espeluznante. La compañía también tuvo una pérdida de $9 millones el año pasado con solo $2 millones en ventas brutas. Con números como este, es difícil decir cuánto futuro tiene la compañía y es obvio que no puede continuar teniendo grandes pérdidas como esta. Sobre todo, no puedo ver el lado positivo de General Cannabis Corp y sus inversores a futuro.

Aphria ($APH)

Precio al momento de escribir: $16.08CAD

Aphria se enfoca en proveer soluciones hidropónicas para la marihuana medicinal.

La compañía normalmente trabaja en compañía del gobierno canadiense y esto forma parte de la razón por la cual la acción triplicó su precio durante el 2017. La compañía comúnmente tiene alrededor de 40.000 pacientes y un emergente sistema de distribución en todo el país.

Aphria es una acción que desafía las normas de la industria en términos de lograr un aumento de los ingresos y cerrar el año financiero en la oscuridad. Fuertes fundamentos como este convierten el inventario en algo prometedor que debe ser monitoreado mientras avanzamos. Los ingresos aumentaron en un 62% el año pasado y los ingresos del último trimestre fueron también positivas. La habilidad de no solo prometer un producto sino en realidad entregar uno beneficioso, es algo que podría bien indicar un fuerte potencial a largo plazo.

La compañía adquirió también Broken Coast Cannabis por $230 millones (nota: esto fue un amplio proyecto financiero de acciones con solo una pequeña fracción viniendo en dinero) lo que les proporciona un mejor acceso a la costa oeste de Canadá. A finales de enero también trajo noticias acerca de la adquisición de Nuuvera en una significativa liquidez de $826 millones y operaciones de canje. El trato fue hecho con la intención de movilizar el cultivo más allá de las fronteras canadienses y la expansión internacional parece estar en juego. Nuuvera estaba ya trabajando con grupos en Alemania, Israel e Italia para explorar las oportunidades de distribución de la recién legalizada marihuana. Tan solo el mercado italiano vale cerca de $9 mil millones anuales y Nuuvera es una de las pocas compañías extranjeras con una licencia para exportar bienes a Italia. Esta agresiva estrategia de crecimiento es algo que puede poner a Aphiria en las grandes ligas en una industria que se está consolidando a un gran ritmo.

Febrero trajo noticias de un acuerdo de una cadena internacional de suministros con Cannabis Wheaton. Esto ayudará a ambas compañías a avanzar en sus estrategias de distribución para mantenerse arriba en la siempre creciente demanda. Estas pueden ser mejores noticias para Wheaton que para Aphiria a corto plazo debido a la pequeña talla de la compañía, pero haciendo acuerdos como este muestra la cooperación en futuros proyectos, lo que podría tener mayores beneficios para Aphiria, está sobre las cartas.

Corbus Pharmaceuticals ($CRBP)

Precio al momento de escribir: $7.05

Corbus está enfocada estrictamente en el lado médico de la ecuación de la marihuana. Está constantemente apostando en grande con su fármaco Anabasum. Anabasum está destinada a tratar la esclerosis y ha hecho bien en sus ensayos iniciales. Pero hay también planes de probar el mismo fármaco en relación al Lupus.

Después de un meteórico ascenso a comienzos del 2017 con precios disparados sobre el 500% sobre los tres primeros meses, la acción comenzó a enfriarse para finales de año. Como la mayoría de las compañías cap pequeñas. Corbus aún es rentable. El análisis del flujo continuo de dinero indica que la compañía tiene suficiente dinero para continuar sus operaciones diarias en Q4 2019. A pesar de que este podría extenderse con una oferta de la acción.

La preocupación obvia es que ya sea que Corbus sea una compañía de un solo éxito, y como en efecto lo es ahora, es probablemente una asunción correcta. Si Anabasum no consigue la aprobación entonces esta volverá al punto de inicio y con una falta de rentabilidad, eso podría ser todo para Corbus. Sin embargo si Anabasum continúa produciendo resultados positivos y termina consiguiendo la aprobación de la FDA, entonces Corbus pasará a más grandes y mejores cosas para el gran deleite de los inversores.

Marijuana ETFs

Al momento de escribir, hay 3 ETFs de marihuana aprobados en Norte América, con dos más programados para su lanzamiento en febrero del 2018. Para aquellos de ustedes buscando una opción de menor riesgo, de manos libres en las acciones de marihuana, una de estas ETFs puede ser exactamente lo que estés buscando. Eso es antes de las ventajas obvias de las ETFs como solo pagar 1 comisión vs. Más de 15 comisiones si fueras a comprar las acciones individuales.

En diciembre del 2017, ETFMG Alternative Harvest ETF se convirtió en la primera ETF en listarse en una bolsa de los EEUU. Previamente hemos mencionado esta ETF y discutido como su decisión de pivotear de las bienes raíces de Latinoamérica a la industria de la marihuana puede ser una causa de preocupación. El movimiento viene con

comprar acciones populares de marihuana tales como Canopy, Aurora y GW Pharma.

El precio de la acción luego del movimiento fue pesadamente en la dirección positiva, solo dale un vistazo a este cuadro de Bloomberg luego de que se tomó la decisión de comprar acciones de marihuana.

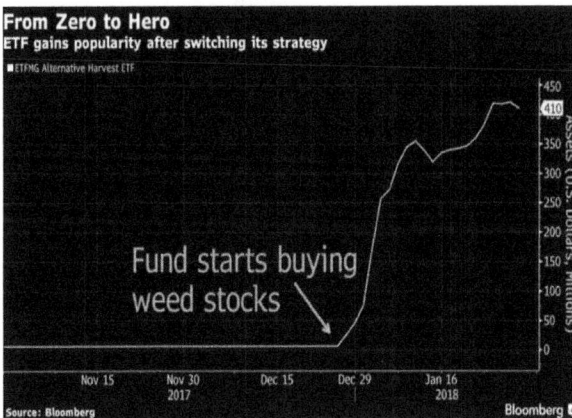

From Zero to Hero
ETF gains popularity after switching its strategy

■ ETFMG Alternative Harvest ETF

Fund starts buying weed stocks

Source: Bloomberg   Bloomberg

Lo que puede que no sepas sobre esta ETF que ha estado tanto en las noticias durante los 2 últimos meses es que su Custodian Bancorp está considerando dejar la ETF debido a su cambio drástico en el modelo del negocio. Este movimiento también parece estar basado en el futuro no cierto de la futura legalización de la marihuana a nivel federal. Hay, por supuesto, la probabilidad de que si Bancorp deja la ETF, otro banco entrará y llenará sus zapatos. Sin embargo, si no pueden encontrar un reemplazo, la ETF tendrá que ser liquidada.

Cambiar el foco no es algo necesariamente poco común para un grupo de inversión, sin embargo, es el pivote completo de la industria lo que es algo que tenemos que examinar. Como se indicó por la gráfica anterior, el fondo mantenido relativamente plano antes del movimiento a la marihuana, así que su registro en otras industrias no es algo que podamos verificar. Los próximos 6 meses serán interesantes y permanece a ser visto si pueden replicar su éxito inicial a corto plazo.

Horizons Marijuana Life Sciences ETF ($HMMJ)

Precio al momento de escribir: $18.76CAD

Lanzada en la Bolsa de Toronto en abril del 2017, esta ETF ha sido una de las de mejor rendimiento desde el comienzo. Publicando ganancias de más del 85% en 2017, aunque ha experimentado algo de receso para comenzar el 2018.

El fondo se enfoca más en la industria de la marihuana medicinal y tiene una política de no comprar ninguna compañía que se enfoque estrictamente en la marihuana recreacional en los EEUU o Canadá. Sin embargo, es probable que cambie esta vista dependiendo en que tan rápido la legalización ocurra en ambos países. Puedes seguramente esperar inversiones en compañías de marihuana medicinal si la legalización ocurre en Canadá este año como es esperado.

El fondo tiene 30 acciones, lo cual es generalmente considerado un número bajo para un ETF y como tal, tu diversificación es más bajo que otras ETFs, volviéndolo naturalmente una proposición más riesgosa. Otro factor a examinar es la proporción del fondo que es sostenida en las principales 20 acciones. En el caso de HMMJ, las principales 10 (no 20) acciones forman más del 80% del fondo, lo cual es de alguna forma preocupante para los inversores de poco riesgo. Las principales 4 acciones son naturalmente las grandes compañías de marihuana medicinal canadienses, por nombre Canopy Growth Corp, Aurora Cannabis, Aphria y MedReleaf.

A algunos inversionistas les gustaría ver diversificación adicional en la forma de compañías de biotecnología y empresas de cannabinoide, aunque estas compañías tienden a estar en la esfera de lento crecimiento debido al largo proceso de su aprobación de recepción de fármacos y por lo tanto no están sin riesgo ellas mismas.

HMMJ ciertamente es la ETF más fundamentalmente sonada y con una tasa de gestión de 0.75% además de las ventas de impuestos, no es una costosa para que el inversor minorista se involucre con cualquiera. Si estás buscando una forma de ingresar al mercado de la marihuana de bajo riesgo, esta podría bien serla.

Horizon Marijuana Growers ETF ($HMJR)

Precio al momento de escribir: Aún no se ha lanzado

Otra ETF por Horizon, esta se enfoca en la parte de crecimiento y cultivo de la industria en particular. Esta ETF particular consiste principalmente de compañías cap pequeñas con potencial hacía arriba y tiene el objetivo de tomar ventaja de la creciente demanda de la marihuana a través de Canadá pendiente de la legalización de la marihuana recreacional.

Una cosa interesante a resaltar sobre esta ETF es que 20% de los valores serán hechas de compañías extranjeras, en primer lugar, esto serán cultivadores de Australia. Esto seguramente ayudará a negar algunos de los riegos que vienen con la banca en la legalización canadiense en verano del 2018. El primer grupo de valores tiene a CANN Group como el mayor con 7.24% con su compañía de cultivo australiana AusCANN haciendo una levemente menor porción del fondo.

El fondo tendrá una tasa de gestión de 0.85%. así que si eres alguien que tiene una gran fe en la demanda de cultivadores, entonces esta ETF puede ser una jugada inteligente para un inversor de bajo riesgo quien no quiere irse por una o dos únicas compañías.

Evolve Marijuana ETF ($SEED)

Precio al momento de escribir: Aún no se ha lanzado

Con un lanzamiento programado el 12 de febrero del 2018, esta será la 4ᵗᵃ ETF en Norte América y tradeará en la bolsa de Toronto. El CEO de Evolve Funds Group Raj Lala declaró que el fondo tiene el objetivo de tomar ventaja de "una tasa de crecimiento compuesta anual del 60 por ciento en los próximos años." No está claro cuál sector del mercado tendrá por objetivo la ETF, pero ellos han declarado que invertirán tanto en compañías de marihuana domésticas como globales. El enfoque inicial será en el mercado canadiense pero a medida de que la legalización obtiene más tracción a nivel mundial, ocurrirá una expansión más allá de sus bordes. Puedes esperar completamente que las grandes compañías canadienses como Aurora, Canopy y Cronos Group estarán entre la cartera inicial de valores.

También ha sido declarado que el fondo tendrá una tasa de mantenimiento del 0.75% por año. Evolve tiene un fuerte registro y su primera ventura en el mercado de la marihuana será uno interesante de monitorear. Otra ETF de Marihuana, administrada por Redwood Investments está programada a ser lanzada alrededor del mismo período.

¿Pueden los residentes no canadienses comprar acciones canadienses?

Como puedes haber visto, un gran número de estas acciones están listadas en la bolsa de Toronto, la bolsa más grande de Canadá. Algunas están listadas también en las bolsas reguladas de EEUU lo que significa que puedes comprarlas usando un corredor local o un corredor que maneje las acciones de EEUU si estás fuera de los EEUU.

También puedes comprar acciones canadienses de muchos corredores en línea incluyendo TD Ameritrade, Schwab y E-Trade, sin embargo, puede haber mayores comisiones que las de las acciones estadounidenses al usar estos sitios. Algunas de las comisiones pueden ser tan altas como $19 por tradeo. Te recomiendo revisar las tasas de tu corredor para las acciones canadienses y puede ser más sencillo llamarlos por teléfono que excavar el sitio web buscando tasas. Al momento de escribir, solo Schwab utilizaba las mismas tasas tanto para las acciones estadounidenses como para las canadienses.

Debería resaltarse que algunos corredores en línea no compran acciones canadienses directamente, en vez de ello compran hojas rosa como un proxy para la acción. Estas hojas rosa tendrán un valor de 1:1, pero el volumen de tradeo será menor que el volumen en las bolsas canadienses. Así que esto es algo que investigar si estás planeando comprar o vender grandes cantidades y te recomendaría revisar dos veces con tu corredor antes de ejecutar cualquier transacción.

Lo otro a resaltar es que si estas usando un corredor estadounidense, deberías estar buscando un símbolo de acción diferente que los listados en este libro. Estos símbolos usualmente serían de 5 letras de longitud, así que asegúrate de revisar el símbolo estadounidense correspondiente a la acción antes de que accidentalmente compres acciones en la compañía equivocada.

¿Debería invertir en Acciones de Marihuana si estoy fundamentalmente en contra de la marihuana como una droga?

Obviamente, algunos inversores socialmente más conservadores tendrán una oposición a las acciones de marihuana. Muchas de estas compañías caerán en la misma categoría de "acciones de pecado" como las compañías de alcohol y tabaco y si te opones moralmente a invertir tu dinero en este tipo de compañías, está bien.

Sobre eso, como hemos discutido previamente, la marihuana aún se mantiene ilegal a nivel federal y hay una cantidad de ramificaciones que vienen junto a esta decisión. Debería recalcarse, que obviamente cualquier acción de marihuana tradeada públicamente está conduciendo sus operaciones dentro de los ojos de la ley, esto va para las pequeñas acciones cap tradeadas en bolsas OTC al igual que para aquellas cap más grandes en el NYSE o la bolsa de Toronto.

Sin embargo, eso no significa que tienes que perderte una de las clases de activos más calientes en los últimos 10 años. Aún hay muchas compañías que se enfocan más en el lado beneficioso de la marihuana. Estas serían compañías con un enfoque más biotecnológico que se enfocan en utilizar la marihuana y componentes como el CBD para ayudar a curar enfermedades.

Empresas tales como GW Pharmaceuticals se ajustan a esta categoría, con su fármaco para la epilepsia Epidiolex. Deberíamos reiterar en este momento que el CBD, a diferencia del THC, no tiene ninguna capacidad de afectar el estado mental de uno, así que los usuarios no experimentarán un estado de "drogado" regular de la marihuana. También está InSys Pharmaceuticals, quienes hemos discutido previamente y su compañía filial SubSys la cual está desarrollando un fármaco llamado Syndros para asitir la pérdida de peso asociada a la quimioterapia.

Otras compañías como Scotts Miracle Gro tienen un pequeño elemento de marihuana a su negocio y como tal, pueden ser jugadas sólidas sin la necesidad de decirles a tus amigos que compraste una "acción de porro". Estas son solo unas pocas opciones si deseas obtener una pieza del pastel sin comprometerte a una acción de marihuana pura e ir en contra de tu código moral individual.

Conclusión

Bueno, ahí lo tenemos, una introducción al apasionante mundo de las acciones de marihuana y los beneficios potenciales de invertir en ellas. Como dije antes, este mercado está proyectado a triplicar su tamaño en los próximos 3 años y hay una enorme oportunidad a través de muchos factores de la industria. Desde cultivar hasta la fabricación y distribución y bienes raíces, la marihuana hará rica a muchas personas en pocos años.

Como cualquier industria, hay un riesgo involucrado y te motive a hacer una investigación adicional añadido a lo que leíste en este libro. También hay una cantidad de factores externos a considerar, muchos están fuera del control de las compañías que afectan así que sería sabio monitorear cualquier noticia de legalización de cerca.

La marihuana aún está en los primeros pasos como una clase de activos, así que al igual que muchas de estas compañías deberían ser vistas más como jugadas especulativas, similar a las criptomonedas en este aspecto. Por lo tanto, no deberían ser una porción significativa de tu cartera.

Espero que hayas disfrutado lo que leíste en este libro y si decides invertir en acciones de marihuana, espero que hagas bastante dinero. Finalmente, si aprendiste algo de este libro, apreciaria si dejases una reseña en Amazon.

Gracias,

Stephen

Otros libros por Stephen Satoshi

<u>*Cryptocurrency: Beginners Bible*</u> *(También disponible en audio)*

<u>*Blockchain: Beginners Bible*</u> *(También disponible en audio)*

<u>*Bitcoin: Beginners Bible*</u> *(También disponible en audio)*

<u>*Cryptocurrency: The Ultimate Beginners Guide*</u> *(contiene los 3 libros anteriores con un descuento - También disponible en audio)*

<u>*Cryptocurrency: Insider Secrets - 12 Exclusive Coins Under $1 with Huge Growth Potential in 2018*</u>

Stephen Satoshi

Ethereum: Beginners Bible (También disponible en audio)

Cryptocurrency: Top 10 Trading Mistakes Newbies Make - And How To Avoid Them (También disponible en audio)

Cryptocurrency: 13 More Coins to Watch with 10X Growth Potential in 2018

Cryptocurrency 3.0 - Ultra Fast, Zero Transaction Fee, Futureproof Coins That Need to be on Your Radar

Cryptocurrency: What The World's Best Blockchain Investors Know - That You Don't